Senhor, ensina-nos a rezar

Coleção Confiança

Em sintonia com Jesus: orações para renovar sua fé e otimismo – Anselm Grün

Espiritualidade e entusiasmo: caminhos para um mundo melhor – Anselm Grün

Senhor, ensina-nos a rezar: reflexões sobre o Pai-Nosso – Lambert Noben

Lambert Noben, m.o.

Senhor, ensina-nos a rezar

Reflexões sobre o Pai-Nosso

Direção-geral:	Flávia Reginatto
Editora responsável:	Luzia M. de Oliveira Sena
Assistente de Edição:	Andréia Schweitzer
Revisão:	Sandra Sinzato
Direção de arte:	Irma Cipriani
Gerente de produção:	Felício Calegaro Neto
Capa e projeto gráfico:	Manuel Rebelato Miramontes

10ª edição – 2008
1ª reimpressão – 2021

Nenhuma parte desta obra poderá ser reproduzida ou transmitida por qualquer forma e/ou quaisquer meios (eletrônico ou mecânico, incluindo fotocópia e gravação) ou arquivada em qualquer sistema ou banco de dados sem permissão escrita da Editora. Direitos reservados.

Paulinas

Rua Dona Inácia Uchoa, 62
04110-020 – São Paulo – SP (Brasil)
Tel.: (11) 2125-3500
http://www.paulinas.com.br – editora@paulinas.com.br
Telemarketing e SAC: 0800-7010081

© Pia Sociedade Filhas de São Paulo – São Paulo, 1984

Ofereço este livro aos meus
queridos amigos Jaime e Nilza, tia Maria
e a todos estes prezados companheiros
que me ajudaram a caminhar,
especialmente a: Leonel e Stela,
Mariazinha e Faria, Mâo,
Cândida, Edna e Luiz, Lúcia e Adahilton
e a tantos outros cuja lembrança me deixa feliz.

Prefácio

Realizei esta meditação do Pai-Nosso nos inúmeros encontros de jovens e casais dos quais participei. Com insistência, meus amigos me pediam que a colocasse por escrito, para que pudessem guardá-la, relê-la e meditá-la.

Foi o que fiz neste livro, que não tem nenhuma pretensão de ser exaustivo ou completo. Apenas transcrevi a meditação dos encontros, aquela que meus ouvintes queriam guardar, lembrar e meditar.

Não sou nenhum teólogo, apenas um sacerdote trabalhando na seara do Senhor, acreditando e anunciando o seu imenso amor. Creio que é esta a mensagem que o povo quer e precisa ouvir. Por isso, resolvi dividir estas reflexões, esperando que possam contribuir para a grandeza do amor no Reino de Deus.

O AUTOR

Por que rezar?

Para todos nós, às vezes, rezar torna-se um grande problema. Pedimos e não conseguimos aquilo que pedimos. Deus parece ser um surdo-mudo: gosta de ver a gente passar aperto e fica insensível às nossas súplicas.

Todos nós lembramos de nossa infância. Parecia que rezar era quase natural, espontâneo. Quando olhávamos a imagem da Virgem, parecia que ela ia sorrir para a gente.

Depois de crescer, porém, tudo ficou mais difícil, mais seco, mais austero. Não sentíamos mais aquela devoção e piedade espontâneas. Pedíamos a Deus e ele não nos atendia, parecia insensível, ausente. Quanto mais suplicávamos, mais ele se fazia silencioso, menos nos respondia ou atendia.

Quantas vezes acontecia até o contrário:

- pedimos para passar nas provas e fomos reprovados;

- pedimos a saúde para um parente e ele morreu;

- pedimos saúde para nós e continuamos doentes;

- pedimos para ganhar e perdemos tudo.

Por isso, desde a nossa infância e adolescência, largamos a oração, julgando-a tempo perdido. Falar com um Deus calado e ausente nos parecia tempo perdido. Tínhamos tanta coisa mais urgente para fazer, para pensar, para realizar!

Alguns conservaram uns restos de oração mecânica, decorada, rotineira, apenas por medo de um Deus carrancudo que lhes foi inculcado e que poderia castigá-los.

Mas será que rezar é isso? Será que rezar é mudar Deus? Será que nossa oração vai conseguir que Deus faça coisas que não queria fazer antes? Dar coisas que não queria dar?

A Teologia nos ensina que Deus é perfeito. Como ser perfeito, ele age sempre perfeitamente; e, como conclusão lógica, podemos dizer que rezar não muda Deus nem seu comportamento.

Portanto, se rezar não muda Deus, então a finalidade da oração deve ser mudar a nós mesmos.

Em vez de pensar que, pela oração, vamos dobrar Deus ao nosso querer e pensar, percebemos que somos nós que, pela oração, vamos entrar em sintonia com Deus, para que ele finalmente possa nos dizer o que sempre quis falar; para que nos possa transmitir sua força, sua alegria, sua paz, sua coragem, sua vida de graça.

Sabemos, por exemplo, que, neste instante, na atmosfera que nos circunda, estão presentes as ondas de centenas de emissoras de rádio, mas não as escutamos. Pode até ser que uma dessas emissoras esteja transmitindo uma mensagem lindíssima, reconfortante, mas não nos reconforta porque não a ouvimos. Basta ter um simples e pequeno receptor, um rádio, ligá-lo e sintonizá-lo para colher a mensagem; assim ela poderá tocar-nos e transformar-nos.

Quando o guarda da Polícia Rodoviária sintoniza seu receptor, ele pode pedir e receber de seu superior a orientação sobre a ação a realizar, a atitude a tomar, o caminho a seguir. Quando o piloto sintoniza a torre de controle do aeroporto, ele pode se deixar guiar para uma aterrissagem segura.

Este é o significado da oração: entrar em sintonia com alguém mais forte, mais sábio, mais amoroso do que nós, para deixar que ele nos guie, nos dê sua força e seu amor para vivermos nossa vida neste mundo tão atribulado.

A oração não tem como finalidade mudar Deus, mas sim de nos mudar e nos colocar dentro da visão e do plano de Deus.

A vida em Cristo

Jesus, ensina-nos o teu segredo,
transmite-nos a fonte
da tua força e da tua paz.

O Pai-Nosso

O mestre de nossa oração é Jesus Cristo.

Jesus também teve uma vida muito atribulada: muita gente exigindo sua atenção, seus milagres, seu amor. As multidões reuniam-se à sua volta, muitas vezes deixando-o sem tempo para descansar e até mesmo para comer.

Certo dia, ele precisou entrar num barco e afastar-se um pouco da praia para falar, porque o povo o empurrava mar adentro. Outra vez, ele estava em uma casa e abriram o teto, porque era impossível chegar até ele pela porta, por causa da aglomeração de pessoas que se comprimiam ao redor da casa. Zaqueu subiu numa árvore para poder ver Jesus. Na multiplicação dos pães, havia mais de cinco mil pessoas sem ter o que comer.

Nós vemos Jesus constantemente cercado pelas multidões: uma multidão impaciente, exigente, faminta de pão, de justiça, de libertação. Não obstante essa vida cansativa, desgastante,

Jesus nunca perdeu a paciência, nunca se aborreceu, nunca tratou o povo com grosseria.

Certa ocasião, quando algumas pessoas levavam suas crianças para que Jesus as abençoasse, os discípulos tentaram afastá-las. Jesus não gostou e disse: "Deixem que as crianças venham a mim e não proíbam que elas façam isso, pois o Reino de Deus é das pessoas que são como estas crianças" (cf. Mc 10,13-14). Quando os apóstolos queriam despedir o povo faminto no deserto, Jesus novamente os corrigiu: "Dai-lhes vós mesmos de comer" (cf. Lc 9,13).

Jesus escutava o grito do cego, quando a multidão tentava calá-lo. Ele tinha sempre uma resposta acertada. As intrigas, ele rebatia com uma só frase. Jesus conseguiu conservar sua paz e serenidade em todas as circunstâncias, em todas as situações. Não se deixou abalar ou perturbar pelos acontecimentos, pelos problemas.

A Bíblia nos dá explicação dessa força moral e misteriosa de Jesus, uma explicação muito simples, muito segura e clara. Em quase todas as páginas do Evangelho nos é lembrado como Jesus, de madrugada, se retirava para uma montanha ou para um lugar solitário, para rezar. Aquela "sintonia" com o Pai trazia-lhe paz, segurança, descanso, fé e confiança. Jesus voltava da sua oração revigorado, preparado para o novo dia.

Jesus descobria na oração a força para resistir à tentação, para não se deixar tomar pelo orgulho e não aceitar um reinado terreno; para não usar sua força milagrosa para promover-se e projetar-se, satisfazer sua vaidade, enriquecer-se; para resistir ao desânimo perante a dureza de coração das multidões, a incredulidade e a agressividade dos chefes religiosos, diante da rivalidade entre os próprios apóstolos.

A oração mais sugestiva de Jesus, sem dúvida, foi a que fez no Jardim das Oliveiras. Ele suplicou ao Pai para que afastasse dele aquela hora de sofrimento. Ele rezou assim: "Pai! tudo é possível para ti. Afasta de mim este cálice! Mas seja feito não o que eu quero, porém o que tu queres" (Mc 14,36).

Deus não afastou dele o cálice de dor... Deus não fez um milagre para salvar Jesus na cruz... Mas lhe deu força para enfrentar tudo. Deu-lhe coragem para, de cabeça erguida, enfrentar a cruz, o ódio e a morte.

Rezar não muda Deus. Rezar pode nos conectar a Deus, como conectamos o doente ao oxigênio ou ao sangue, para devolver-lhe a força e a vida. Rezar é ligar-nos a Deus como ligamos a lâmpada ou o motor à rede elétrica, para que ilumine e produza trabalho. Não é a lâmpada ou o motor que vão mudar ou movimentar a central elétrica: é esta que vai transmitir sua energia para alimentar a lâmpada e fazer girar o motor.

Jesus, certo dia, começou uma parábola da seguinte maneira: "Dois homens subiram ao templo para rezar...".

Rezar é parar, é interromper seus trabalhos, seus afazeres, suas preocupações para sintonizar-se com alguém muito mais sábio, para saber como agir em determinada situação e a partir de certo momento. Era assim que Jesus agia em relação a Deus, o seu Pai. Foi essa a forma de oração que Jesus nos deixou, o modo como ele mesmo rezava ao Pai. Essa oração fortificava e iluminava tanto Jesus que seus discípulos ficaram fascinados e atraídos pelo seu jeito de rezar. Certo dia, um deles lhe pediu: "Senhor, ensina-nos a rezar". Ele queria dizer: "Jesus, ensina-nos o teu segredo, transmite-nos a fonte da tua força e da tua paz". Não era apenas para que Jesus fizesse uma oração distintiva como faziam os outros rabinos, mas, sem dúvida, o pedido emanava uma vontade de imitá-lo na sua comunhão profunda com o Pai. Jesus, parecendo esperar apenas esse pedido, dá logo a resposta, que já tinha pronta: "Quando rezardes, direis assim: Pai nosso..." (cf. Mt 6,9).

Como já vimos, rezar não é mudar Deus, não é interpelar Deus para que ele entre "na nossa", mas é colocar-nos na disposição certa perante Deus.

Rezar o Pai-Nosso não é suplicar a Deus para vir nos fazer "milagrinhos", para dar-nos pão e afastar a tentação. Rezar o Pai-Nosso é colocar-nos na disposição certa perante Deus, perante a realidade criada e, ainda, perante o irmão. Rezar o Pai-Nosso é decorar o programa de nossa vida cristã e conscientizar-nos de nossa vocação, da meta a ser alcançada, do relacionamento certo com a nossa realidade vivencial.

Por esse motivo, escrevemos algumas reflexões sobre essa oração, que não têm pretensão alguma de serem exaustivas nem completas. São apenas algumas reflexões simples, que poderão fazer surgir mais amor em nosso coração.

Nosso relacionamento com Deus

Deus bate à porta de nosso coração
para entrar nele e ali fazer a sua morada
para a nossa maior realização e felicidade.

Pai

Muita gente tem uma imagem deturpada de Deus.

No Antigo Testamento, o povo judeu enaltecia a bondade e a fidelidade de Deus. Mesmo assim, os fariseus conseguiram deturpar essa visão do Deus da Aliança e transformá-lo num Deus mesquinho, legalista, intransigente.

Ainda hoje, muita gente tem uma idéia de Deus que provoca medo. Para alguns, Deus é o rei e nós os súditos, como os reis da Idade Média, que viviam oprimindo os cidadãos. Para outros, Deus é legalista e pune qualquer transgressão; ou é o justiceiro que em nosso nome vinga as ofensas recebidas. Deus ainda é quem tem tudo, mas que quer ser suplicado, quer ser pago com velas, novenas e sacrifícios para distribuir seus favores arbitrariamente e na medida de sua vontade. Há quem pense que Deus é o sádico que gosta de fazer sofrer homens e mulheres, que mata as crianças inocentes e as mães de família insubstituíveis.

Os antigos pregadores diziam que Deus exigiu que fosse derramado na cruz, até a última gota, o sangue de seu próprio Filho, para que assim fosse apaziguada a sua cólera. Enalteceram tanto o poder, a justiça, a grandeza, a magnitude de Deus que o tornaram horrível, longínquo, impessoal e terrível. Conseguiram, assim, abafar totalmente sua proximidade pessoal, familiar e amorosa.

Deus se tornou o ausente, o irresponsável que criou o mundo e depois foi descansar, deixando-o rodar à vontade. Ao final, a imagem de Deus confundiu-se com regras e prescrições, castigos e inferno.

Contra todas essas deturpações, Jesus veio nos mostrar a verdadeira face de Deus. Deus é, simples e radicalmente, Pai.

O temor dos judeus era tão grande que nem sequer podiam pronunciar o nome de Deus. Jesus, no entanto, chama Deus com o diminutivo mais familiar e carinhoso *Abbá*: papai, paizinho, pai querido.

A figura do Pai destrói todos os falsos conceitos sobre Deus: Deus não é um justiceiro intransigente, porque o Pai ama gratuitamente; não se deixa guiar pela nossa justiça, mas sim pelo amor infinitamente misericordioso.

Ainda bem que sua justiça não se parece com a nossa pretendida eqüidade humana. Como lemos na Bíblia, o pai ama tanto o filho mais velho, que não saiu de casa, quanto o filho pródigo, que saiu e depois retornou. O pai de família paga o mesmo salário ao operário da primeira e ao da última hora.

Falar que Deus é Pai é isentá-lo de todo conceito de irresponsabilidade, porque o pai, por natureza, é aquele que assume com responsabilidade amorosa a vida que gerou.

Falar que Deus é Pai é recusar violentamente toda noção de Deus sádico, porque nenhum pai sente prazer em ver sofrer seus filhos. Nenhum pai causaria a morte e o sofrimento aos seus filhos. Pelo contrário, todo pai faz tudo para que seus filhos tenham saúde e vida, e as tenham em abundância.

Muita gente diz: "Já que Deus sabe o que acontecerá, ele, que é Todo-Poderoso, poderia fazer um milagre para que o mal não acontecesse"; ou "Se Deus é Pai, como ele deixa existir o mal, como deixa sofrer crianças inocentes?".

Todos sabemos que não foi Deus quem criou o mal. Pelo contrário, Deus criou apenas o bem. "Deus viu tudo quanto havia feito e era muito bom" (cf. Gn 1,31). O sofrimento, a morte, não foram criados por Deus. São conseqüências do pecado, do desamor, do egoísmo, do ódio, da omissão.

Deus só poderia fazer o mal não existir se tirasse a nossa liberdade. Mas esta liberdade é inviolável para Deus. Ele a respeita integralmente, mesmo quando a usamos para o mal, para o pecado.

Se Deus tirasse a nossa liberdade, não poderíamos pecar, mas também não poderíamos amar, porque amar é uma decisão livre e consciente de escolher o bem. Só quem é livre pode escolher o bem, o amor... ou o pecado. Deus quer nosso amor e, por isso, arrisca nosso pecado. Deus quer nosso sim livre e, por isso, arrisca nosso não.

Algumas pessoas confundem Deus com o destino. Dizem: "Deus sabe desde a eternidade o que vai acontecer. Por isso, ele é o culpado, ele me predeterminou, ele já decidiu. Não adianta lutar contra meu destino, pois o que foi predeterminado, o que está escrito para mim haverá de acontecer. Não sou livre para escolher ou decidir. O que será, será...".

Confundimos dois conceitos nesse raciocínio: uma coisa é saber, antecipadamente, o que vai acontecer; outra coisa é fazer casualmente as coisas. Quando vejo um avião voando baixo, sei que ele vai aterrissar, mas não sou eu quem irá pô-lo no chão. Sei que você dormirá esta noite, mas não sou eu quem irá deitá-lo. Sei que um dia você morrerá, mas não serei eu a causa da sua morte. Assim, também, Deus sabe tudo desde a eternidade, sabe o que irá acontecer, mas não é ele a causa direta do que acontece.

Deus colocou as leis da natureza e estas leis se aplicam invariavelmente. Uma pedra cai para baixo pela lei da gravidade, quer você passe por baixo ou não. Deus respeita as leis da natureza e respeita a nossa liberdade mesmo quando essas leis e essa liberdade ameaçam e destroem a vida.

Se Jesus disse que nenhum fio de cabelo cai da nossa cabeça sem que Deus o saiba, não quer dizer que Deus arranca os nossos cabelos. Deus poderia, a toda hora, suspender as leis da natureza, mas isso tornaria a vida impossível. Deus quer que nós, como filhos responsáveis, usemos a natureza a serviço da vida, baseando-nos em suas regras imutáveis. Deus não virá fazer a nossa tarefa, reduzindo-nos a meros espectadores irresponsáveis. Ele nos respeita demais para não permitir que nos realizemos numa tarefa a ser cumprida com criatividade no amor.

Realmente, Deus é, antes de tudo e mais do que tudo, Pai. Como disse o Papa João Paulo I, Deus é, ao mesmo tempo, pai e mãe. Reúne em si todas as qualidades humanas, tanto paternas quanto maternas.

O pai e a mãe são aqueles que, em primeiro lugar, dão a vida – não apenas a vida física, mas a vida em plenitude; são aqueles que se transmitem em forma de vida, aqueles que se prolongam, que se multiplicam; são aqueles que se "reproduzem", quer dizer, produzem um outro "eu". São aqueles que assumem amar a vida gerada, amá-la antecipadamente, gratuitamente, do jeito que for, do jeito que vier, sem colocar condições prévias.

Os pais são aqueles que pretendem amar tanto e por tanto tempo o filho quanto for preciso para este aceitá-los como pais, como guias, mestres e modelos. Os pais amam gratuitamente, totalmente, mesmo quando o filho não quer ser amado, não corresponde a esse amor. Os pais apostam no filho, querem a felicidade do filho mais do que o próprio filho, mesmo quando o filho não quer ser feliz. Os pais sonham um futuro feliz para o filho e fazem tudo para que esse sonho se torne realidade.

Os pais só podem ser pais quando o filho aceita ser filho. É o filho que faz os pais. Se o filho se recusar a ser filho, os pais ficam frustrados na sua paternidade/maternidade, porque não podem exercê-la. Como o pintor, que não pode pintar sem tela, pincel e tinta, como o músico, que não pode tocar sem o seu instrumento, os pais só podem ser pais quando tiverem um filho para oferecer-lhe sua paternidade/maternidade.

Jesus dizia que nenhum pai daria uma cobra a um filho que lhe pedisse um peixe, ou um escorpião a um filho que lhe pedisse um ovo. E conclui: "Se vocês, que são maus, sabem dar coisas boas aos seus filhos, quanto mais o Pai infinitamente bom, que está nos céus, saberá dar coisas boas aos que lhe pedirem" (cf. Lc 11,11-13).

Os pais e mães humanos muitas vezes nos comovem com sua abnegação, generosidade, ternura, bondade e amor. Em certos momentos, chegam a ser heróicos: basta lembrar o amor dos pais de um filho doente ou problemático. Nunca podemos nos esquecer de que esses pais e mães são apenas um fraco reflexo do Pai infinitamente bom, o Pai criador de todos os pais e mães do mundo. Se os pais humanos nos encantam pela sua grandeza de alma, quanto mais o Pai, origem de toda paternidade, será capaz de nos encantar e dar paz, força e segurança.

Não é sem motivo que Jesus falava do seu Pai com ternura, amor e admiração. A missão principal de Jesus, ao vir ao mundo, era revelar-nos plenamente e tornar palpável e visivelmente presente o amor bondoso do Pai.

O amor paterno é uma forma específica de amor. Enquanto o amor fraterno é uma troca entre duas pessoas iguais, o amor paterno é um amor em desequilíbrio, é um amor descendente. O pai ama sem que haja necessidade de resposta, sem exigir ser correspondido.

Foi esse amor paterno que Jesus veio trazer-nos e revelar-nos. Deus é um Pai que nos ama desde toda a eternidade, gratuitamente, mesmo quando não o sabemos, não o aceitamos ou não correspondemos a esse amor.

Jesus nos disse: "Quem me vê, vê o Pai... (cf. Jo 12,45). O Pai trabalha desde toda a eternidade... Eu faço o que vi o Pai fazer" (cf. Jo 5,19). Ele visualizava e tornava real e palpavelmente presente o amor do Pai. Um amor que liberta do medo, da perseguição, da doença, da lepra, do pecado... Um amor que não julga nem condena, apenas ama, ama, ama... "Quem me vê, vê o Pai."

O Antigo Testamento usava imagens sugestivas para falar de Deus. Deus é meu rochedo, aquele em quem posso me apoiar tranqüilo e firmemente, porque não treme, nem quebra, nem foge. Deus é minha cidadela; podem existir lá fora os piores perigos, agressão, fogo ou morte, mas a cidadela é segura, forte e protege a todos. Deus é meu escudo, aquele que apanha para não apanharmos, aquele que suporta tudo e recebe os golpes para sermos feridos ou machucados. Deus é como a galinha, que protege seus pintinhos do perigo, do frio e das intempéries, mantendo-os debaixo de suas asas.

Mesmo que uma mãe fosse capaz de esquecer-se do fruto de suas entranhas, Deus seria incapaz de esquecer-se de nós, seus filhos.

Jesus completa essa figura paterna de Deus contando a parábola do filho pródigo. Um pai que respeita a liberdade do filho, mesmo quando usa essa liberdade contra si mesmo. O pai não se cansa de esperá-lo e, quando o filho volta, não tem palavra alguma de acusação, de agressão, de zombaria. Apenas muita acolhida, amor, perdão e alegria. Ele não aceita que o filho se faça escravo, porque ele seria pai de escravo. Ele o faz plenamente filho, dá-lhe roupa, anel, sandálias, porque somente poderá ser pai se o filho desistir de ser escravo e aceitar ser filho.

Jesus também contou a parábola do bom pastor, que vai atrás da ovelha perdida até achá-la e, sem palavra de reprovação, mas com muito amor, a carrega de volta.

Portanto, se Deus é, antes de tudo, "Pai", nossa atitude lógica, normal, é sermos "filhos". Não somos súditos dominados por Deus. Deus não nos quer medrosos, humilhados, de joelhos. Como todo pai, Deus quer de seus filhos uma atitude de amor, permitir que sejamos amados por ele, corresponder ao imenso amor dele com uma resposta de amor filial.

O filho do presidente não precisa marcar audiência para falar com seu pai. Muito menos nós para conversar com Deus, nosso Pai. Não precisamos de intermediários, de intercessores para ir até Deus. Não precisamos passar por São Judas, Santo Expedito, Santa Rita ou Santo Antônio para chegar até Deus. Somos de casa, somos da família do Pai. A qualquer hora temos acesso a ele. Nossos problemas são seus problemas. Ele nos conhece pelo nosso nome, nos ama com um amor individual e sincero.

Deus não precisa ser servido nem gosta de ver sofrer seus filhos, mas adora toda manifestação de confiança e de carinho filial, de generosidade e fidelidade, de entrega amorosa ao seu amor paterno.

Nosso

Deus não tem filho único, tipo "filhinho de papai". Deus tem muitos filhos e para ele, Pai, todos os filhos são iguais. Ele conhece e ama cada filho com um amor pessoal, sem fazer distinção. Um pai, talvez, ame mais aquele filho que, em determinado momento, precise mais, tenha mais necessidade de ser amado.

Sabemos que todos os filhos do mesmo pai são irmãos entre si. Para um pai, é de suprema importância que os vários filhos vivam entre si uma fraternidade sincera. Todos os filhos de Deus Pai são irmãos entre si, acima de qualquer fronteira de raça, nacionalidade, sexo, religião, partido, tendências ou mentalidade. Todas as diferenças subjetivas desaparecem perante a força unificadora do amor do Pai. Ser filhos do Pai cria entre nós laços mais fortes que o parentesco, a consangüinidade, os laços familiares. Ser irmão, viver a fraternidade, é um compromisso, uma responsabilidade decorrente do fato de aceitar Deus como Pai.

Se Deus não rejeita, não tem vergonha de nenhum de seus filhos, também não podemos nos envergonhar de nenhum de nossos irmãos. Quando não considero o outro como meu irmão, repito as palavras de Caim, que perguntava: "Por acaso sou eu responsável por meu irmão?" (cf. Gn 4,9). Sabemos que somos responsáveis uns pelos outros.

Todo o Evangelho se resume em amar o Pai como filho, e os irmãos como iguais a si mesmo. O grande pecado contra o irmão é, sem dúvida, a indiferença, a atitude de quem diz: "Para mim você não existe, você não me interessa; você pode estar só, com fome, nu, desesperado, triste, preso, pobre, perseguido, marginalizado, oprimido que, para mim, tanto faz, não estou nem aí; desde que eu esteja numa boa, você não me interessa".

Outro pecado contra a fraternidade é usar o irmão como um objeto para satisfazer o instinto sexual, a ganância e a necessidade de autoafirmação.

Quando penso que o outro é um inimigo a ser dominado, um freguês a ser explorado, um súdito a ser oprimido, um concorrente a ser eliminado, em vez de um irmão a ser amado e promovido, a ser respeitado e valorizado, não posso dizer "Pai nosso".

Fraternidade é um relacionamento igual entre duas pessoas iguais. Não é um maior dominando um menor, mas duas pessoas que se reconhecem e se afirmam como iguais em valor e dignidade. Quando alguém se acha mais que o outro, por causa de seu dinheiro, de seu cargo, de seus estudos, de sua raça ou de seu título, massacra a fraternidade e recusa Deus como Pai comum.

Há pessoas que programam sua caridade: "Às quartas-feiras eu visito doentes". Mas ser irmão não é amar o outro do nosso jeito, com hora marcada ou na medida de nossa vontade.

A parábola do bom samaritano mostra que não podemos programar o lugar, a hora e o jeito de amar o outro. Devemos amar o outro na hora, do jeito e no lugar em que "ele" precisa. O bom samaritano não disse: "Eu dou, todos os domingos, uma esmola aos pobres". Porém, soube amar o homem assaltado na hora em que precisava, sem perguntar se era o dia marcado para ajudar. Ele não deu uma esmola ao ferido, porque este teria morrido com a esmola na mão. Ele fez aquilo de que o homem precisava naquela hora para voltar a ter uma vida normal: fez-lhe curativo, carregou-o e garantiu-lhe cama, repouso e cuidados até sarar. O samaritano também não escolheu o lugar, mas atendeu o homem lá onde estava, à beira da estrada (cf. Lc 10,33-35).

É assim que devemos ser irmãos: sem escolher apenas quem nos é simpático; amar quem precisa de nós para ser mais feliz, melhor e mais gente; fazer não aquilo que queremos, mas sim aquilo de que o outro precisa, do jeito, na hora e no lugar em que precisa.

Eu não escolhi meu irmão. Às vezes, nem o acho simpático. Mas eu amo meu Pai e o Pai de meu irmão, e sei que ele só se sentirá plenamente nosso Pai se aceitarmos viver a fraternidade. "Quem pretende amar o Pai e não ama o irmão é um mentiroso", diz São Tiago.

Quando aparece o medo (do inferno, do castigo, da cadeia), a opressão e a exploração, morre a fraternidade, porque a fraternidade necessita de um relacionamento eqüitativo entre duas pessoas iguais que se aceitam, se amam e se valorizam como tais. Quando acho o outro inferior, menor, pior do que eu, não estou apto para a fraternidade, sou incapaz de ser irmão. O Pai quer ser amado no irmão: "Um copo de água dado ao menor dos irmãos é dado a Jesus" (cf. Mt 10,42).

O julgamento final será sobre nossa resposta às interpelações do irmão necessitado de nosso amor: "Eu estava com fome, nu, preso, doente e me destes de comer, me vestistes, cuidastes de mim e me visitastes" (cf. Mt 25,35-36).

É uma tentação diabólica a religião individualista, fazer "minha" confissão, rezar para "meu" Deus, para ir para o "meu" céu... A dimensão comunitária, fraterna é fundamental em nossa visão de fé. Somos solidários, somos comunitários e somos Igreja, quer dizer, comunidade.

Ninguém se salvará sozinho. Sem dúvida alguma, Deus nos perguntará: "Onde está seu irmão? O que você fez de seus irmãos?". O inferno é solidão, é individualismo, é separação, lugar de quem quis salvar-se sozinho, longe e contra os outros. Por isso, a Igreja não pode ser faccionária e nacionalista, mas católica e universal, porque assim o é a fraternidade baseada na filiação divina. Deus não endossa nossas classificações em bons e maus, justos e injustos, fiéis e infiéis, porque, antes de mais nada, todos somos filhos dele e irmãos entre nós.

Jesus apresentou a autoridade como um serviço, nunca como uma posição de superioridade, porque onde existe qualquer forma de dominação, desaparece a fraternidade. Ele também nos proibiu de chamar um ser humano de pai: "Porque um só é nosso Pai, e todos vocês são irmãos". Isto quer dizer que todo relacionamento vertical entre os seres humanos usurpa Deus, é injusto e opressor. Nossa igualdade como filhos de Deus é tão grande que a distância entre um rei e um mendigo se torna ridícula e sem importância alguma.

O Batismo nos introduz na fraternidade universal, na comunidade de irmãos. Comungar é "comum-união" com Deus e com os irmãos. Reconciliação é assumir novamente e converter-se à filiação divina e à fraternidade compromissada. Apostolado é um compromisso decorrente da responsabilidade pelo irmão. Promoção humana é um serviço de fraternidade.

Igreja é comunidade de irmãos. O céu será a plenitude da convivência fraterna na casa do Pai. Por isso, dizer que o Pai é "nosso" é fazer uma opção radical pela fraternidade universal, consciente, alegre, sincera e compromissada.

Que estais no céu

Dizer que o Pai está no céu não pode ser uma forma de alienação.

Para muitos, o céu é um lugar longínquo, distante. Para estas pessoas, dizer que o Pai está no céu significa que ele não está aqui presente, compromissado com a nossa luta diária. Para outros, Deus está no céu "numa boa". Parece um ser irresponsável, que criou o universo e agora está descansando. Desligou-se, enquanto nós pelejamos e lutamos.

Dizer que Deus está no céu não pode ter esse significado de ausência altaneira e irresponsável. Dizer que Deus está no céu quer simplesmente dizer que Deus ultrapassa e transcende, e muito, tudo o que podemos pensar, compreender e falar sobre ele.

A maior ilusão é pensar que se pode falar exaustivamente sobre Deus ou pensar que a última palavra sobre ele já foi dita. Deus é tão imenso que nunca poderemos contê-lo ou defini-lo em nossos conceitos e palavras. Deus é tudo aquilo de que a Teologia fala e muito mais.

Por isso, todos os fanatismos religiosos são ridículos, já que absolutizam "um" conceito de Deus como se fosse a única verdade sobre ele, enquanto a verdade de cada um é muito parcial e limitada e, de jeito algum, esgota a nossa humana compreensão de Deus.

Como cada um de nós vê apenas uma peque-na parcela do globo terrestre. Cada um vê coisas diferentes, dependendo do seu ponto de vista. Assim como ninguém pode ver de uma vez todo o globo terrestre, conhecer todos os lados, todos os aspectos, toda a realidade, também não so-mos capazes de ver, conhecer e englobar Deus em nossos conceitos.

Deus é imutável mas, ao mesmo tempo, reno-va-se dinâmica, constante e totalmente.

Deus é justiça, mas é também misericórdia e perdão pleno, sem limites.

Quando dizemos alguma coisa a seu respeito, percebemos que nossas palavras são insuficientes para exprimir Deus. Nossos conceitos estão bem aquém, nossas comparações são caducas para falar da sublimidade de Deus.

Quando dizemos que Deus é bom, não temos nada para comparar essa bondade. Somando as bondades de todos os homens e de todas as mulheres de todas épocas, de todas as partes do mundo, não teríamos ainda uma ínfima parte da bondade do Pai.

Quando falamos na infinita misericórdia de Deus, percebemos que ela é tão grande que, mesmo se todos cometêssemos os pecados mais abomináveis, não seríamos capazes de esgotá-la.

Quando falamos do infinito, percebemos que somos incapazes de imaginar ou de entendê-lo: sempre colocamos um limite, uma fronteira, por distante que seja. Para imaginar que Deus é eterno, fracassamos do mesmo jeito. A eternidade não cabe em nossa mente.

Lembro-me de uma comparação que me impressionou quando criança. Num teatro, alguém pedia que imaginássemos uma mó, sobre a qual, de mil em mil anos, um passarinho pousaria; se, de tanto posar, aquela pedra se gastasse totalmente, ainda não teríamos um segundo da eternidade. Eu sei que essa imagem é um tanto infantil, mas, não obstante, tudo serve para nos fazer sonhar um pouco.

Realmente, Deus não cabe em nossa mente, mas a ultrapassa milhões de vezes. Lembro-me de uma historinha contada a respeito de Santo Agostinho. Certo dia, andando pela praia e tentando compreender o mistério da Santíssima Trindade, parou para observar uma criança que, num indo e vindo sem fim, tirava água do mar com uma concha e a despejava num buraco da praia. Depois de algum tempo, o santo não conteve sua curiosidade e perguntou à criança por que fazia isso. A resposta ingênua o surpreendeu: "Vou colocar toda água do mar nesse buraco". "Mas isso não é possível, o mar é milhões de vezes maior que o buraco da praia", retrucou Agostinho. Mas a criança logo respondeu: "Isso para mim será muito mais fácil do que você entender em toda sua amplitude o mistério da Santíssima Trindade".

Essa história nos ensina que será mil vezes mais fácil colocar todo o oceano numa cavidade da praia do que conter um Deus infinito dentro de uma mente finita, do que querer conter o próprio

Criador na inteligência criada. Deus é milhões de vezes melhor, mais sábio, mais inteligente, mais misericordioso, mais poderoso, mais amoroso, mais Pai do que podemos imaginar. Nossas comparações, por mais fantásticas que sejam, tornam-se ridículas perante a grandeza de Deus. Todo falar sobre Deus será apenas um balbuciar sobre ele, pois nunca poderemos conter e limitar Deus ao nosso conceito. Mesmo a Teologia, por sábia que seja, nunca poderá falar tudo; apenas levantar uma pontinha do véu.

Dizer que Deus está no céu é dizer que reconheço que Deus ultrapassa milhões de vezes meu entendimento. Por isso, aparece mais o amor de Deus. Este Deus imenso é "nosso Pai", nos conhece pessoalmente, tem tempo para nós e nos ama com esse amor imenso.

Às vezes, as pessoas pensam e dizem: "Ah, se eu fosse Deus, faria isto e aquilo!". O pecado de Adão e Eva foi querer saber melhor do que Deus sobre o bem e o mal. Esse é o pecado de todos nós. Pensar que Deus quer prender-nos, limitar-nos, que é ciumento, que proíbe o que seria fonte de felicidade e realização é sempre o pecado de todos nós.

Existe uma coincidência total entre a lei de Deus e a nossa realização profunda. Não descobrir e não acreditar nessa coincidência, procurar a felicidade em outros caminhos, não acreditar que Deus sabe o que é melhor para nós é o pecado eterno.

Dizer que Deus está no céu, não afasta Deus de nós, pelo contrário.

É porque ele é infinito que tem condições de conhecer-nos e amar-nos pessoalmente. É porque seu amor é tão imenso que podemos ter confiança ilimitada no seu perdão, na sua bondade, compreensão e misericórdia.

É porque Deus é infinitamente poderoso no seu amor que é capaz de apaziguar nosso medo e de nos dar total segurança.

É porque Deus é infinito que ele, e só ele, é capaz de satisfazer a sede infinita de nosso coração. Santo Agostinho dizia: "Meu coração anda inquieto, Senhor, enquanto não descansar em você". Deus é como o oceano que não esmaga a gota d'água, mas lhe dá uma dimensão e liberdade infinitas.

Dizer que vamos ao encontro de Deus no céu significa, em outras palavras, que não somos ainda tudo o que chegaremos a ser, não esgotamos toda nossa realidade no aqui e agora da vida presente.

"Pai, em tuas mãos entrego meu espírito", dizia Jesus (Lc 23,46). Somos passageiros, caminhantes neste mundo. Nossa meta está na casa e nas mãos do Pai. Conseqüentemente, não podemos nos instalar neste mundo como se tivéssemos aqui uma morada definitiva. A figura deste mundo é passageira. Não podemos nos agarrar a cargos, bens materiais, honras e poderes como se fossem uma posse definitiva nossa. Apenas nos foram emprestados. Somos administradores, tudo isso é transitório. Um dia, trocaremos o provisório pelo definitivo. Assim como o feto no útero materno depois de nove meses precisa nascer, porque não tem mais condições de evoluir ali, e mesmo nascendo em meio a dores terá acesso a uma vida mais perfeita, mais consciente e livre, assim, no fim de nossa vida, teremos de nascer através da morte para outro período da vida: a vida em plenitude.

Muita gente imagina o céu como uma condição um pouco aperfeiçoada de nossa vida terrena. Muitos acham que o céu será uma compensação para nossas frustrações atuais, onde o doente terá saúde, o pobre terá riqueza, o feio terá beleza, o idoso terá juventude, o carente terá abundância. Mas São Paulo contradiz essa visão. Ele nos afirma que o céu é uma realidade tão bonita, tão perfeita e tão maravilhosa, que nenhuma mente, nem a mais deslumbrada, seria capaz de imaginar coisa parecida. O amor paterno de Deus é tão perfeito, imenso e poderoso que nos prepara uma felicidade sem base de comparação.

De São Paulo emprestamos ainda outra comparação, que poderíamos explicar assim: a semente é pequena, dura, seca, escura. Plantada na terra, aquela semente se racha e, da casca podre, nasce um broto que se transformará numa árvore imensa, frondosa, com milhares de folhas verdes e frutos. Sabemos que a semente e a árvore são o mesmo ser, que uma se transforma na outra. Poderíamos dizer que são o mesmo "eu" transformado, a mesma "essência". Porém, a evolução foi tão grande que ninguém reconheceria na árvore a semente inicial. Assim nós nos transformaremos também. Rasgando nossa casca na hora da morte, seremos tão radicalmente transformados quanto a semente quando se torna árvore. Mas continuaremos a ser nós mesmos, individual e inconfundivelmente.

Diante destas meditações, percebemos como somos mesquinhos em nossas aspirações, como deixamos, muitas vezes, nos enganar com um pouco de prazer, um cargo, alguma riqueza, enquanto Deus quer que aspiremos a uma felicidade muito maior, imensa, ilimitada.

Se a felicidade que Deus prepara para seus filhos é tão imensa, fantástica, então vale a pena "dar duro", lutar e pelejar. Vale a pena vencer a si mesmo, tomar sua cruz e seguir Jesus. Vale a pena apostar qualquer coisa. Deus não apenas nos pagará proporcionalmente aquilo que fazemos. Mesmo que nos sacrifiquemos totalmente, o que fizermos será tão pouco e o prêmio tantas mil vezes maior que não haverá comparação entre um e outro. Como alguém que apostou vinte reais e, de repente, ganhou um prêmio de cem milhões. Você pode esperar o céu mais maravilhoso, que não ficará frustrado nem decepcionado; pelo contrário, perceberá que esperou pouco.

Sabemos que a alegria no céu será grande, porque a fraternidade ali será perfeita. Só haverá lugar para quem aprendeu a fraternidade responsável, consciente e dinâmica. Ali não haverá opressão, exploração, desprezo, esquecimento nem rejeição de ninguem. Porque não haverá lugar para opressores, exploradores, sádicos, omissos e indiferentes. A fraternidade de quem fez opção por ela será aperfeiçoada e conduzida à sua plenitude.

O plano de Deus é que sejamos seus filhos, irmãos uns dos outros e donos do mundo. A plenitude do céu virá quando formos perfeitamente filhos do Pai, perfeitamente irmãos uns dos outros e totalmente harmonizados com toda a criação.

Santificado seja o vosso nome

"O orvalho da manhã me fala de meu Deus", cantamos na música do padre Zezinho.

Quando observamos a natureza em sua perfeição, variedade, delicadeza; quando olhamos os infinitamente pequenos e os infinitamente grandes, tudo fala e prova o poder, a criatividade, a delicadeza e o amor de Deus.

O átomo, com seus prótons, nêutrons e elétrons; os milhões de estrelas e os astros girando a uma velocidade inimaginável pelo espaço, uns ao redor dos outros, em movimentos simultâneos e combinados; uma semente que brota, nasce e gera uma planta, uma flor e outra semente; uma mulher que desenvolve em seu ventre um novo ser, diferente de todos os outros, um ser que pensa, ri, chora; nosso cérebro, que produz idéias e pensamentos e cujo funcionamento estamos apenas começando a descobrir; a perfeição harmoniosa da asa de uma borboleta; o canto dos pássaros... Tudo, mas tudo, nos fala de Deus.

Somente um completo idiota poderia pensar ou dizer que Deus não existe e que tudo isso seja fruto do acaso. Como se o acaso pudesse criar tanta harmonia e tanta perfeição. Tudo que existe no mundo nos fala de Deus, mostra sua grandeza e seu amor por nós.

Alexis Carrel, médico francês, ganhador do prêmio Nobel de Fisiologia ou Medicina por seus trabalhos sobre sutura vascular e transplante de vasos sanguíneos e órgãos, dizia descobrir, a todo momento, Deus na ponta de seu bisturi.

Santificar o nome de Deus não consiste em desprezar as criaturas. Deus as criou para nós. Santificar o nome de Deus é aceitar as criaturas como dons, como presentes de Deus. Nunca a criatura pode tornar-se um absoluto para nós, nunca a criatura pode tornar-se nosso deus, mas deve indicar a direção do Bem Supremo, do Criador de todo bem.

Se a criatura já é capaz de nos ocasionar tanta alegria, quanto mais alegria causará Deus, Criador de toda criatura! Se nossa mãe pode fazer-nos tão felizes, quanto mais o Criador de todas as mães! Se nosso marido ou nossa esposa nos dá segurança e paz, quanto mais paz nos dará o Criador do amor!

Santificar o nome de Deus é aceitar agradecido as criaturas como expressão do Criador. Se qualquer criatura faz você feliz, esta felicidade não passa de um pálido reflexo da felicidade que Deus nos dará.

Santificar Deus é, junto com o salmista, louvar a Deus pelo Sol e pela Lua, pelo mar e pelo vento, pelos frutos e pelos alimentos, pelas pessoas e pelos animais, por tudo o que poderíamos imaginar, porque tudo é presente de sua infinita bondade. Nada criado por Deus é mau, porque Deus viu que tudo era muito bom.

Santificar o nome de Deus é, como filhos agradecidos, aceitar tudo o que o Pai nos oferece no seu amor paterno, para nosso crescimento integral, como expressão e presente de seu coração de Pai.

Venha a nós
o vosso Reino

Quando ouvimos falar de reino, hesitamos um pouco, porque temos visto muitos ditadores prepotentes impor "seu reino" a populações inteiras. Confundimos, então, reino com despotismo, opressão, arbitrariedade. Mas percebemos logo que o Reino de Deus não é assim. Já no Antigo Testamento Deus fazia pactos e alianças com seu povo: "Vós sereis meu povo e eu serei vosso Deus". Este pacto não tem nada de opressor. É comparado com o vínculo amoroso entre marido e mulher. Hoje, somos o povo de Deus, o povo da nova aliança.

Jesus falou mais de oitenta vezes sobre a vinda do Reino. Um reino não de dominação sobre os povos. Pelo contrário: um Reino de justiça, amor e boa vontade. Esse Reino começa pequeno e humilde, como um grão de mostarda. Ele não está ligado a nenhuma classe social ou povo, mas se torna presente onde triunfa a justiça sobre a opressão, onde triunfa o amor sobre o ódio, onde triunfa o bem sobre o mal, onde triunfa a verdade sobre a mentira. Ele se torna presente através de cada gesto de bondade, de promoção humana, de libertação.

Deus não abandona seu povo. Ele toma a iniciativa da libertação, porque quer salvar-nos a qualquer custo. Liberta seu povo do Egito. Envia o Cristo libertador, que fará tudo para nos salvar, inclusive morrer numa cruz vergonhosa, e, apesar disso, estar conosco até o fim dos tempos.

Somos o povo de Deus em marcha. Deus está presente e atuante na história da humanidade. A história não é cega nem levada por um destino cego. A história humana cresce para uma unificação total do amor, como diria Teilhard de Chardin.

Deus presente na história a conduz, não obstante todos os atos que os seres humanos façam para deturpá-la e desviá-la da sua meta. Homens e mulheres podem apenas frear a marcha da história. Mas, a cada momento, Deus fará surgir profetas para relançar a história da salvação.

Somos o povo de Deus em marcha e, por isso, temos a certeza na fé do triunfo final. As forças do mal podem nos agredir, a opressão pode nos esmagar, mas a vitória final está garantida. Jesus nos diz: "Não tenhais medo, pequeno rebanho, eu já venci o mundo" (cf. Jo 16,33).

Percebemos, apesar de todos os fracassos, a marcha promissora do Reino de Deus. A humanidade se unifica pelos meios de comunicação, pela consciência mundial, pelos direitos universais do homem, pela solidariedade mundial, pela diplomacia que suplanta as guerras. Esses são sinais da caminhada do povo de Deus.

O Reino de Deus virá mais depressa se aceitarmos os caminhos do Pai. O Reino de Deus chegará mais radicalmente renovador à medida que nossa conversão for mais libertadora e sincera.

A salvação será comunitária, porque somos povo de Deus. A comunhão faz parte da essência e do fundamento do nosso ser. Nossa felicidade aumentará na medida de nossa comunhão.

Ser povo não é anular-se, não é perder sua individualidade. Pelo contrário, é realizar plenamente seu ser como pessoa em relacionamento, como ser sociocomunitário.

Seja feita a vossa vontade

O plano de Deus existe desde toda a eternidade. O mundo não foi criado de improviso. Deus tem um plano universal de salvação. Seu plano é que todos o conheçam como Pai, que todos sintam seu amor libertador.

Às vezes podemos pensar que Deus é um sádico e que sua vontade é que soframos. Perante a dor, o sofrimento e a morte, dizemos: "Seja feita a vontade de Deus", como se fosse Deus a nos fazer sofrer. A vontade de Deus não é que soframos, mas sim que nos salvemos. Deus quer que todos se salvem. Por isso, Deus considera como bem aquilo que nos aproxima de nossa salvação e considera como mal aquilo que nos afasta dele, mesmo que seja mais difícil e mais custoso.

Um exemplo vai esclarecer nosso entendimento: ganhar sozinho na loteria poderia parecer uma graça e bênção de Deus. Mas se a fartura desse dinheiro nos deixar completamente tresloucados, nos fizer largar nossa família, nos levar a vícios e, finalmente, nos transformar num verdadeiro farrapo humano, aquilo que parecia uma graça se torna para nós uma desgraça. Afastou-nos de nossa meta, de nosso bem e de nossa realização verdadeira, de nossa vocação e salvação eterna.

Às vezes, o contrário também é verdade. Acontece de repente uma infelicidade em nossa vida, quebramos a perna, fracassamos financeiramente, sofremos um enfarte. Durante esse tempo de parada obrigatória, começamos a refletir, a pensar, a nos questionar e começamos a reestruturar nossa escala de valores, enxergamos a futilidade de certos comportamentos, a ausência de verdadeiras atitudes de fé, esperança e amor. A partir dessa parada, iniciamos um processo de conversão, de mudança positiva de nossa vida. Aquilo que parecia desgraça transformou-se em graça disfarçada. Não foi Deus quem nos fez adoecer, mas ele se aproveitou da doença para nos interpelar, para nos fazer refletir. Deus é tão grande que até do mal ele pode fazer nascer o bem. Do esterco pode fazer nascer flores perfumadas e frutos saborosos.

A vontade de Deus não é que soframos, mas sim que nos salvemos. Tudo será aproveitado, inclusive o próprio sofrimento de nossa natureza humana, para convidar-nos e incentivar-nos a aceitar a plenitude da vida.

Os antigos diziam: "O que isso vale para a eternidade?". "Bem" não é o fácil e o gostoso; "mal" não é o difícil e o penoso. "Bem" é o que nos aproxima de Deus; "mal" é o que nos afasta dele, por melhor que pareça.

Não podemos apenas olhar para nossa vida terrena. Devemos julgar o tempo que passa e muda, à luz da eternidade que não passa. Se observamos apenas a vida humana terrena, como se não existisse eternidade, a vida seria supremamente injusta. Alguns têm todas as regalias, enquanto outros têm apenas desgraça, fome, miséria, opressão. Podemos até ter inveja dos abastados, mas quem sabe se a desgraça deles será sua riqueza, suas mordomias e regalias. Por causa desses bens, fecharão e endurecerão seu coração, como na parábola do pobre Lázaro e do rico avarento. O que parecia bênção de Deus foi causa de sua autocondenação.

As dificuldades que passamos são, muitas vezes, como uma alavanca que nos empurra para frente, que nos impede de nos acomodar. São como o adubo que nos faz crescer. O próprio pecado, pelo remorso que cria em nós, pode ser o início de uma nova vida. Quando estamos caídos no chão e sentimos o peso do nosso pecado, nasce em nós a saudade da inocência e a vontade da conversão.

São Paulo disse: "Se é somente por esta vida que acreditamos em Deus, seríamos os mais miseráveis de todos os homens". Ver tudo à luz da eternidade mudará radicalmente nossa escala de valores. São Paulo ainda diz que, depois que conheceu o Cristo, considera esterco o que antigamente lhe parecia importante. Tantas coisas pelas quais os homens e as mulheres lutam, sofrem e choram, à luz da eternidade se tornam ridículas; de outro lado, coisas que eram esquecidas e negligenciadas, de repente se tornam importantíssimas, principalmente nossa fé, nosso amor, nosso compromisso...

Mais uma vez, a vontade de Deus não é que soframos, mas sim que nos salvemos, que aceitemos sua salvação. Quando desmoronam nossos ídolos de saúde, poder, riqueza e prazer, e muitas vezes esse desmoronamento se faz na dor, é que nos convertemos a ele. Não foi Deus quem mandou a dor, mas aproveitou-se dela para bater à porta de nosso coração, entrar nele e ali fazer a sua morada para a nossa maior realização e felicidade.

Nosso relacionamento com as coisas criadas

É preciso colocarmo-nos na posição certa perante os bens materiais.

O pão nosso de cada dia nos dai hoje

Vimos, na primeira parte do Pai-Nosso, como devemos nos colocar perante Deus. Como dissemos, não é preciso pedir a Deus que venha fazer as coisas para nós. Somos nós quem definimos nossa posição exata perante ele. Ele é nosso Pai comum, ultrapassando infinitamente nossa compreensão. Ele merece uma adesão absoluta, porque só ele é capaz de satisfazer plenamente nosso ser. Ele é o Deus da Aliança, compromissado conosco, seu povo. Ele tem um plano universal de salvação e, incansavelmente, usa qualquer coisa para nos interpelar, até aceitarmos sua salvação. Mas não nos relacionamos só com Deus. Relacionamo-nos também com as coisas materiais. Por isso, vamos definir agora nossa atitude perante esses bens materiais.

A segunda parte do Pai-Nosso se inicia com uma frase de significado muito especial: o pão é nosso. Os bens materiais têm, portanto, um apelo social, comunitário.

O pão — os bens materiais — está a serviço dos seres humanos e nunca o contrário. Como disse o Papa João Paulo II, os bens materiais particulares são hipotecados pelo bem social. Em sua encíclica *Laborem Exercens*, o Papa insiste sobre o significado social dos bens materiais. Todas as pessoas devem ter acesso à posse dos bens materiais necessários para o desempenho de seu trabalho.

O pão é nosso, não meu, contra você. Os bens materiais, concentrados na mão de alguns, fazem com que esses bens permitam a uns poucos dominar a força política e econômica e, assim, subjugar multidões, tornando-as cada vez mais pobres e até levando o pobre a pagar pelas armas que o oprimirão e o massacrarão. Os bens materiais, pelo contrário, devem estar a serviço de todos, para fazê-los mais felizes e desenvolvidos.

Ainda que possua bens materiais, você não é dono absoluto deles, não pode usá-los de qualquer modo, a seu bel-prazer. Você deve usá-los e administrá-los a serviço de todos. Se você possui terras, não pode ser uma posse egoísta; você é responsável pela plantação, a fim de produzir mais alimentos. Se você possui uma fábrica, tem a obrigação de administrá-la bem para que dê empregos seguros e compensadores e produza objetos úteis às pessoas.

O uso dos bens materiais destina-se a todos sem exceção. Não podemos nos deixar levar pela ganância, que é insaciável, mas sim pela fraternidade. Já pensou quantas pessoas são empobrecidas, privadas até do mínimo vital, para satisfazer a ganância insaciável de uma só?

Como dizia o Santo Padre, o que sobra em nossa mesa falta na mesa do irmão. "Quem possui bens deste mundo e vê seu irmão com fome ou frio mas não lhe dá o necessário, como pode manter o amor de Deus?", diz São Tiago (cf. Tg 1,14-16).

Muitas vezes, queremos praticar a caridade sem praticar a justiça: tiramos do irmão aquilo a que ele tem direito e depois lhe damos aquilo que tínhamos roubado dele, como um favor pelo qual nos deverá eterna gratidão. Se respeitássemos mais os legítimos direitos das pessoas, não seriam necessários tantos favores, pelos quais as sujeitamos.

Os bens materiais são suficientes para todos, desde que bem administrados e partilhados. Nossas riquezas inaproveitadas, usadas para oprimir e explorar serão, um dia, o pior testemunho contra nós, denunciando a dureza de nosso coração.

O nosso pão é de cada dia. Não podemos querer assegurar nossa riqueza até o fim da nossa vida, acumulando bens materiais, porque aquilo que guardamos para mais tarde faz falta, hoje, para a sobrevivência do irmão. A melhor maneira de assegurar nosso amanhã e nosso futuro é ser justo hoje, e promover nossos irmãos.

Na prática, quanto vale para você um ser humano, qualquer ser humano? Quanto você estaria disposto a sacrificar para salvar alguém? Na parábola do filho pródigo (Lc 15,11-32), o fazendeiro não quis sacrificar a lavagem dos porcos para salvar a vida de um jovem. O porco podia ser vendido, dava-lhe lucro. O jovem não podia ser vendido e, por isso, não tinha valor material.

Ainda hoje, muitos preferem sacrificar um empregado a sacrificar uma máquina, porque empregados existem, às filas, nas portas das fábricas, brigando por um trabalho. Para comprar máquinas, é preciso desembolsar dinheiro. Pessoas são facilmente substituídas, por isso as sacrificamos tão facilmente.

É por essa razão que, no Pai-Nosso, reafirmamos nosso sério compromisso de colocar nossos bens materiais a serviço do desenvolvimento integral do ser humano. Nunca contra ele, nunca para explorá-lo ou oprimi-lo. Quanto mais temos, mais somos chamados a partilhar. Quanto mais alto o nosso cargo, maior a nossa responsabilidade.

Nosso relacionamento com os irmãos

É preciso definir nossa posição perante as outras pessoas.

Perdoai-nos, assim como nós perdoamos

Na primeira parte do Pai-Nosso, definimos nossa posição perante Deus. Na segunda, colocamo-nos na posição certa perante os bens materiais. Porém, sabemos que existe ainda uma terceira realidade com a qual nos relacionamos e que precisamos definir: a pessoa do outro, o irmão.

O perdão é um dos conceitos cristãos mais profundos e mais ricos que podemos imaginar. No entanto, muitas vezes o confundimos com vários outros conceitos.

Toda convivência humana é baseada no perdão. "Per-doar" significa doar até o fim, doar sem colocar limite algum à nossa doação. É realmente uma coisa muito especial, muito própria de nossa vida de cristãos.

Ao observarmos a natureza, percebemos que ela nada perdoa. Quando ofendemos a natureza, ela se vinga. Quando tocamos numa coisa quente, nós nos queimamos. Quando tomamos veneno, ficamos envenenados. A natureza nunca perdoa.

Ao observarmos as pessoas, percebemos que, às vezes, elas perdoam e, outras vezes, não perdoam. Às vezes, ofendemos uma pessoa e ela não faz questão da ofensa. Outras vezes, a pessoa se vinga e nos machuca.

Ao observarmos Deus, percebemos que ele sempre perdoa. Tantas vezes quanto precisarmos, ele nos perdoará. Podemos agir contra ele das formas mais ingratas. Porém, basta que nos voltemos para ele para que nos perdoe. E Deus nos perdoa sorrindo, com alegria. Deus fica feliz em poder perdoar. É o que nos mostra a parábola do filho pródigo: quando o rapaz saiu de sua casa, quando não ligou para sua família, o pai ficou triste. Mas, quando esse rapaz voltou, o pai não exigiu prestação de contas, não exigiu que o filho se humilhasse, que pedisse perdão. O pai estava esperando por ele de braços abertos, mandou fazer festa, para celebrar a alegria da volta do filho (cf. Lc 15,11-32).

Assim é Deus. E, se quisermos nos aproximar mais dele, também devemos aprender a perdoar.

Perdoar não é exigir que o outro se humilhe. Perdoar não é exigir que o outro primeiro se converta, que venha expiar sua culpa para, depois, perdoá-lo. O perdão deve vir antes.

Perdoar quer dizer doar-se tanto e de modo tão ilimitado que o outro, um dia, há de aceitar a sua doação e há de entregar-se ao seu amor. Perdoar é mostrar que seu amor é maior do que a ofensa do outro. Se a ofensa derrubar, se desanimar seu amor, é porque o amor era pequeno, bem frágil.

Gosto de comparar o perdão com uma ponte: uma ponte deve ser sempre maior que o córrego ou rio. Se o córrego tem apenas um metro, é preciso uma ponte de um metro e meio para permitir que passemos por cima. Se o rio tem cem metros de largura, a ponte deve ter muito mais que isso, para que possamos atravessá-lo. Ninguém diria: "A minha ponte tem apenas tal comprimento, então faço o rio mais estreito". Assim deve ser o nosso perdão: sempre maior que a ofensa do outro. Quanto maior a ofensa, maior ainda deve ser o perdão. Quanto mais fraco o outro for, quanto maior o pecado contra você, maior deve ser o seu perdão.

Nosso perdão também não pode ser limitado em quantidade. Pedro, certo dia, perguntou: "Senhor, quantas vezes devo perdoar, se meu irmão pecar contra mim? Até sete vezes?". Jesus respondeu: "Digo-te, não até sete vezes, mas até setenta vezes sete vezes" (Mt 18,21-22). Quer dizer, não se deve colocar limites nem dizer: "Esta é a última vez que lhe perdôo". Nunca dizer: "Até aqui eu lhe perdôo, depois disso acho-me dispensado de perdoar-lhe".

Perdoar não é exigir que o outro venha pagar as suas culpas, não é primeiro exigir que o outro se converta e venha pedir perdão para, depois, perdoar-lhe. Se estou lhe devendo certa quantia de dinheiro e você espera que eu pague para então dizer que a minha dívida está perdoada, você não faz nada de mais: apenas reconheceu que eu paguei a minha dívida. Perdoar é um ato gratuito, que não deve depender do pedido de perdão do outro nem do seu merecimento. É chegar antes, com seu amor, para que o outro possa, então, começar a melhorar e a crescer.

Quando começamos a refletir, percebemos que Deus apenas nos perdoará se formos capazes e na medida em que nós perdoemos. O único limite que Deus coloca ao seu perdão é a nossa própria capacidade de perdoar.

Ao rezarmos o Pai-Nosso, pedimos a Deus: perdoai-nos, assim como nós perdoamos. Dai-nos o vosso perdão do mesmo modo que nós damos o nosso perdão ao outro. A única fronteira, o único limite que colocamos ao perdão de Deus é a nossa própria capacidade de perdoar.

Lemos no Evangelho a parábola do patrão que perdoou ao seu empregado uma dívida imensa. Esse mesmo empregado, depois, foi cobrar do seu colega uma quantia ridícula. Quando o patrão ficou sabendo disso, colocou-o na cadeia até pagar toda a dívida (cf. Mt 18,23-35). Muitas vezes, somos um pouco como esse empregado: pedimos a Deus perdão total de muitas faltas, ofensas e injustiças, mas não somos capazes de perdoar o outro.

O perdão, mais que um sentimento cristão, é uma decisão que mostra mais fortemente o nosso amor, a nossa capacidade de querer bem. Amar se mede pela nossa capacidade de perdoar.

Muitas pessoas acham que, para termos valor, devemos nos vingar, agredir, fazer que o outro pague a sua falta, ferir aquele que nos feriu: "olho por olho, dente por dente". Jesus, ao contrário, nos mostra claramente que vale muito a pessoa que sabe perdoar. Afinal, é muito mais fácil vingar-se do inimigo do que estender a mão, abraçá-lo e perdoar-lhe com alegria. Agir assim é muito mais difícil, mas é muito mais cristão e, para ser cristão, é absolutamente necessário.

Muitas pessoas pensam que perdoar é esquecer. Sabemos, porém, que esquecer não depende de nós. Nós não mandamos na nossa memória e podemos nos lembrar de coisas depois de muitos anos, mesmo quando pensávamos tê-las esquecido. Nossa memória parece uma imensa biblioteca na qual estão guardados todos os acontecimentos de nossa vida. Por isso, entendemos que perdoar não é esquecer, porque não somos nós que decidimos o que vamos esquecer, o que vamos *conseguir esquecer*.

Perdoar é lembrar com amor e dizer: "Eu quero bem a você, não obstante o que você fez comigo. Eu continuo amando você, apesar de você ter falado mal de mim, de você ter me enganado".

Amar é ser capaz de mostrar que seu amor é maior que qualquer ofensa do outro. Por isso, perdoar é lembrar com amor, é ter um amor tão grande que não se importa com a ofensa do outro. É ter um amor tão grande que continuará fazendo o bem, é querer o bem, ajudar a quem o ofendeu, embora, às vezes, ele não seja digno do seu amor.

Você, pai ou mãe, que talvez não saiba perdoar seu filho, sua filha, imite Deus na sua capacidade de perdoar. Você, jovem, que não sabe perdoar seu pai ou sua mãe; você, esposo ou esposa, que não sabe perdoar sua companheira ou seu companheiro; você que não sabe perdoar seu colega: saibam todos que, para ser cristão, é preciso perdoar, e ao perdoar não estarão fazendo um favor ao outro, mas a si mesmos.

O ódio, a mágoa, o rancor, em primeiro lugar, envenenam sua vida, envenenam seu coração, atrapalham sua paz e sua felicidade. Se você perdoar com alegria, irá sentir uma paz que nunca sentiu antes, uma felicidade que nunca experimentou. É só tentar e experimentar para ver. É como alguém que guardava lixo dentro de sua casa e, por isso, criou um ambiente insuportável, infectado, contaminado. No dia em que joga fora o lixo, limpa a casa e abre a janela, sente-se muito melhor!

Quando você fica agarrado a um fato passado, você se esquece de viver o presente – o único momento que nos pertence. O passado, quando você foi ofendido, não é tão importante a ponto de sacrificar seu presente. Não é possível reviver o passado sem aquilo que nos machucou. Por isso, a única solução razoável e cristã é perdoar e libertar-se pelo perdão. "Deixa que os mortos enterrem os seus mortos", dizia Jesus (cf. Lc 9,60).

Não podemos exigir de ninguém a perfeição, a impecabilidade, mas o outro tem sempre direito ao nosso perdão. O relacionamento entre as pessoas é regulado por uma palavra: "per-doar" até o fim. Doar sem colocar limite algum a essa doação.

Conseqüência

A fraternidade é a base de
um mundo de justiça e paz.

Não nos deixeis cair em tentação

Adorar a Deus como Pai, amar o outro como irmão, viver em harmonia com as coisas: quando invertemos esta ordem, aparece o pecado.

A tentação é sempre:

- querer domesticar Deus, usando-o e manipulando-o;
- fazer do outro uma coisa, um objeto;
- adorar as coisas, o dinheiro, a riqueza, o prazer.

Quem procura viver o Pai-Nosso, quem procura viver um relacionamento certo perante Deus, o outro e as coisas, está libertando-se da tentação. A conseqüência será lógica e imediata: libertaremos o mundo do mal.

Libertai-nos do mal

O mundo sofre de inversão de valores. O Pai-Nosso é o modelo, o programa de vida e a solução de muitos problemas, pois colocamos novamente tudo no seu devido lugar. Não há situação injusta que resista a uma comunidade que fez do Pai-Nosso seu programa de vida, seu lema e sua meta.

Rezar o Pai-Nosso esperando que Deus faça milagres será em vão. Ele nos deu uma missão, que está explícita na oração. Acho até um pouco alienante rezar estendendo as mãos ao céu, num gesto de súplica, como se coubesse apenas a Deus seu cumprimento, sua realização. Muito mais significativo é rezar o Pai-Nosso juntos e de mãos dadas, exprimindo assim nossa disposição para vivê-lo juntos, em comunidade, em fraternidade. Juntos queremos construir a família fraternal dos filhos do Pai.

Quem não estiver apto para a fraternidade porque menospreza ou despreza algum irmão, mesmo aquele considerado o mais indigno, pobre ou pecador, não serve ao Reino do Pai, não age como filho de Deus. É causador do mal e do sofrimento. O mal que causa sofrimento é o desprezo, a falta de fraternidade, a indiferença, a opressão, a exploração do irmão.

O mundo só terá paz, justiça, felicidade quando houver fraternidade. E fraternidade não pode ser imposta, exigida. Não é fruto da coação, do medo, porque tudo isso teria efeito contrário. Fraternidade é uma decisão livre e consciente de quem diz: "Eu quero ser seu irmão. Eu o aceito, amo e valorizo tanto quanto a mim mesmo".

Enquanto
> o rico se achar melhor que o pobre,
> o estudante melhor que o analfabeto,
> o justo melhor do que o pecador,
> o homem melhor do que a mulher,
> a autoridade melhor do que o subalterno,
> o patrão melhor do que o empregado,
> o velho melhor do que o jovem,
> o padre melhor do que o leigo...
a fraternidade estará sendo violentada.

Só quando enxergarmos no outro o nosso irmão é que essa fraternidade se tornará, de fato, a coisa mais importante da nossa vida. E, quando a fraternidade se tornar o mais importante para nós, estaremos aptos a construir o mundo de justiça e de paz, que começa já, aqui, e que se chama "Reino de Deus".

"Não saiam do Amor,
para não sair de Deus."

Sumário

PREFÁCIO...7

POR QUE REZAR?..9

A VIDA EM CRISTO..15

    O Pai-Nosso..16

NOSSO RELACIONAMENTO COM DEUS.......................23

    Pai...24

    Nosso...35

    Que estais no céu.......................................42

    Santificado seja o vosso nome.................52

    Venha a nós o vosso Reino.......................55

    Seja feita a vossa vontade........................58

NOSSO RELACIONAMENTO COM AS COISAS CRIADAS.....65

    O pão nosso de cada dia nos dai hoje.........66

NOSSO RELACIONAMENTO COM OS IRMÃOS.................73

    Perdoai-nos, assim como nós perdoamos....74

CONSEQÜÊNCIA...83

    Não nos deixeis cair em tentação.............84

    Libertai-nos do mal...................................85